어린이찬양

255곡

CcM²u

어린이 찬양 머릿글

"주 여호와여 주는 나의 소망이시오 내가 어릴 때부터 신뢰한 이시라
내가 모태에서부터 주를 의지하였으며 나의 어머니의 배에서부터
주께서 나를 택하셨사오니 나는 항상 주를 찬송하리이다."

(시 71:5-6)

어린 아이들도 하나님 앞에서 신령과 진정으로 예배드릴 수 있습니다.
작은 아이라 할지라도 전심으로 하나님께 찬양드릴 수 있습니다.
왜냐하면 우리 모두는 모태에서부터 하나님을 찬양하는 일에,
택하심을 받고, 부르심을 입었기 때문입니다.

이번에 발간된 어린이 찬양을 통해,
이 세상의 모든 어린이들이,
한 평생 하나님만 찬양하는 다윗과 같은 사람으로 자라나길,
간절히 기도합니다.

제목 차례

(가나다순 | 가사첫줄 · 원제목)

가

E	감사 감사 예수 (예수 내 맘에)	63
D	감사해요 깨닫지 못했었는데 (또 하나의 열매를 바라시며)	32
Em	God Is Good	224
F	거룩하신 하나님	97
E	걸려 넘어져도	64
F	구주의 십자가 보혈로 (찬송가 250장, 통 182장)	98
F	그 날이 도적같이	99
A	그 누가 뭐래도 난 주님 사랑해	232
F	그리 아니하실지라도	100
E	기뻐하며 왕께 노래부르리	65
Em	기쁜 노래 주께 드리자	225
G	기쁨 가득	180

나

F	나 가나안 땅 귀한 성에 (찬송가 246장, 통 221장)	101
E	나가자 주님의 군대 (어린이 군대)	66
F	나가자 주의 병사들	102
F	나 기뻐하리	103
E	나는 구원열차 (구원열차)	67
Em	나는야 하나님의 자녀다	226
F	나를 가장 잘 아시는 예수님	104
E	나를 지으신 주님 (내 이름 아시죠)	68
F	나를 향한 주님의 사랑	105
D	나 무엇과도 주님을	33
F	나 약해 있을 때에도 (주님만이)	106
F	나 어리고 나 작아도 (세계를 품는 아이들)	107
F	나의 가는 길 (주님 내 길을)	108
A	나의 가장 낮은 마음 (낮은 자의 하나님)	233
F	나의 마음 속에 (땅끝까지)	109
D	나의 맘 받으소서	34
F	나의 모습 나의 소유	110
C	나의 발은 춤을 추며	1
G	나의 안에 거하라	181
F	나의 왕이신	111
F	나의 죄를 씻기는 (찬송가 252장, 통 184장)	112
C	나의 한 가지 소원	2
G	나의 힘이 되신 여호와여	183
G	나 주님의 기쁨되기 원하네	182
F	내가 기뻐하는 이유 (그 사랑 때문이죠)	113
C	내가 사랑하는 성령님 (당당히 걸어가요)	3
F	내가 주인 삼은	114
C	내게 있는 향유 옥합 (옥합을 깨뜨려)	4
E	내 마음을 가득 채운	69
F	내 맘 속에 거하시는	115
F	내 모든 삶의 행동	117
G	내 손을 주께 높이 듭니다 (찬송의 옷을 주셨네)	186
A	내 안에 부어 주소서	231
F	내 안에 있는 이 찬양은 (내 안에 있는)	118
C	내 영이 주를 찬양합니다	5

E	내 주를 가까이 (찬송가 338장, 통 364장)	70		**마**	
C	내 평생 사는 동안	6	G	마음속에 어려움이 있을 때 (그럼에도 불구하고)	187
E	내 하나님은 크고 힘 있고	71	F	마음이 상한 자를	125
E	너 근심 걱정와도	72	F	마지막 날에	124
D	너는 가서 만민에게 (Yes, Sir!)	35	G	많은 사람들 (난 예수가 좋다오)	188
Bb	너는 담장 너머로 뻗은 나무 (야곱의 축복)	247	F	말씀과 기도와 찬양으로 (말.기.찬)	126
F	너는 소중한 아이	116	D	멈추지 않아	39
C	너를 만나 기뻐	7	C	멋진 천국에	8
G	너무너무 좋아서 (나도 기도할 수 있어요)	184	F	모든 상황 속에서	128
F	누구든지 그리스도 안에 (새롭게 하시죠)	119	C	모든 이름 위에 뛰어난 이름	10
A	눈부시게 찬란한 (앗싸! 힘을 내요)	234	C	모래 위에 집을	12
C	능력의 이름 예수	9	C	모두 찬양해 (Sing Sing Sing)	11
			E	More More More	62
	다		F	무덤 이기신 예수 (할렐루야)	127
F	다 와서 찬양해	120	A	무화과 나뭇잎이 마르고	235
F	다 표현 못해도 (그 사랑 얼마나)	121	E	문들아 머리 들어라	74
D	당신은 사랑받기 위해	36	G	믿습니다 예수님을	189
G	당신은 하나님의 거룩한 성전	185	G	믿음따라	190
D	당신은 하나님의 언약안에 (축복의 통로)	37		**바**	
D	당신의 생일을 (생일 축하송)	38	A	반짝이지 않아도 (깨끗한 그릇)	236
E	동서남북 어디든지 (가리라)	73	G	보라 너희는 두려워 말고	191
F	두려워도 겁을 내지 말아요 (슈퍼스타 예수)	122	F	보소서 주님 나의 마음을 (주님 마음 내게 주소서)	129
F	두 손 높이 들고서	123	F	보혈을 지나	130
D	Deep Deep Woo (Deep down)	31	D	복을 주시는 아빠 하나님	40
			F	부흥 있으리라	131
			G	빵빵빵빵빵 (주의 자동차)	192

사

E	사나운 광풍 일어 (와우!)	75
D	사랑의 주님이	41
F	사랑이라 말을하죠 (사랑이란)	132
A	사랑하는 나의 아버지	237
F	사랑합니다 나의 예수님	133
Em	사막에 샘이 넘쳐 흐르리라	227
Em	사탄이 내게 말을 하네 (승리의 자녀)	228
A	새 힘 얻으리	238
G	생명 주께 있네	193
D	선하신 목자	42
F	선한데는 지혜롭고 (로마서 16:19)	134
C	선한 목자 되신 우리 주 (찬송가 569장, 통 442장)	13
C	성도들아 이 시간은 (기회로다)	14
F	성령님이 임하시면 (성령의 불 타는 교회)	135
F	세상 무엇보다 가장 귀한 사랑	136
D	세상 흔들리고 (오직 믿음으로)	43
F	손뼉을 치고 싶소	137
E	손을 높이 들고	76
F	승리는 내 것일세	139
G	승리하였네	194
G	신나는 오늘 (춤춰요)	195
G	심령이 가난 한 자는	196
D	싹트네 싹터요	44

아

C	아름다운 마음들이 모여서	15
G	아름답고 놀라운 주 예수	197
G	아무도 예배하지 않는 (예배자)	198
E	아바 아버지	78
Bb	아버지 당신의 마음이 (하나님 아버지의 마음)	248
F	아버지 사랑 내가 노래해 (그 사랑)	140
F	아버지 사랑합니다	138
Bb	아주 먼 옛날	249
F	약할 때 강함 되시네 (주 나의 모든 것)	141
Bb	어두운 밤에 캄캄한 밤에 (실로암)	250
D	어떻게 해야할까 (오직 믿음으로 했어요)	45
E	여호와를 즐거이 불러 (감사함으로)	77
G	여호와의 이름은	199
Em	여호와 이레 채우시네	229
G	영광 높이 계신 주께	200
F	영원한 기쁨 되시는 주님	142
G	예쁜 마음 모아서	204
A	예수 나의 첫사랑 되시네	239
D	예수님 나를 사랑해	46
E	예수님 만나고 싶어요	79
D	예수님 목마릅니다 (성령의 불로)	47
F	예수님 보혈 날 위해	143
F	예수님 언제나 (Champion)	144
E	예수님을 믿는 것만으로 (구원열차)	80
E	예수님의 사랑 신기하고 놀라워	81
F	예수님의 사랑안에서	145
G	예수님이 말씀하시니	201

F	예수님이 행하신 (위대한 이야기)	147
G	예수님 찬양	202
C	예수로 나의 구주 삼고	16
C	예수 보다 (나의 참 친구)	18
C	예수 사랑 하심을 (찬송가 563장, 통 411장)	17
G	예수 우리 왕이여	203
C	예수 이름이 온 땅에	19
F	예수 주 승리하심 찬양해	146
D	예수 하나님의 공의	48
G	오늘은 기분이 좋아	205
F	오늘은 즐거운 날 (생일 축하곡)	149
G	오 이 기쁨 주님 주신 것	206
F	오 주여 나의 마음이 (시편 57편)	148
F	오직 하나님만이	154
F	온 세상과 열방 향하신 (하나님 아버지 꿈)	151
E	완전하신 나의 주 (예배합니다)	82
B♭	완전한 사랑 보여주신 (예수 좋은 내 친구)	251
F	왕 되신 주께 감사하세	150
F	왕의 왕 주의 주	152
F	왕이신 나의 하나님	153
C	우리 모임 가운데	20
D	우리 모일 때 주 성령 임하리	49
F	우리 예수님 사랑해요	155
A	우리 주 안에서 노래하며 (높이 계신 주님께)	240
Em	우리 주의 성령이	230
E	우리 함께 기뻐해	83
G	우리 함께 모여	207
F	웃음있는 나라 헤이	156
E	위대하고 강하신 주님	84
G	One One Way	179
G	유월절 어린양의 피로	208
D	이 날은 주가 지으신 날	50
F	이 땅 위에 모든 민족 (부르신 그 곳으로)	157
F	이 세상의 부요함보다	158
A	이 시간 너의 맘 속에	241
F	일어나라 주의 백성	159
D	일하고 일은	51
G	있잖아요	209

자

A	저 높은 하늘 위로 밝은 태양 (나로부터 시작되리)	242
G	저 바다보다도 더 넓고 (내게 강 같은 평화)	210
G	저 큰 선민 애굽에서 (홍해 어떻게 건넜나)	211
F	저 하늘에는 눈물이 없네 (눈물 없는 곳)	160
A	전능하신 나의 주 하나님은	243
D	존귀 오 존귀하신 주	52
E	좋으신 하나님	85
E	좋으신 하나님 인자와 자비	86
F	죄 많은 이 세상은 (이 세상은 내 집 아니네)	161
G	죄에서 자유를 얻게 함은 (찬송가 268장, 통 202장)	212
A	주께 가까이 날 이끄소서	244
F	주께 가까이 더욱 가까이	162
D	주께 힘을 얻고 (축복의 사람)	54
F	주 날 구원했으니 (멈출 수 없네)	163

F	주는 나를 기르시는 목자 (찬송가 570장, 통 453장)	164	C	주 자비 춤추게 하네 (춤추는 세대)	27
F	주님 가신 길	165	C	주 품에 품으소서	28
A	주님 같은 반석은 없도다 (만세 반석)	245	F	주 하나님 독생자 예수 (살아계신 주)	170
G	주님과 같이	213	F	주 하나님은 (불타오르네)	171
E	주님과 함께하는	87	G	지금은 엘리야 때처럼	219
B♭	주님 내게 선하신 분	252			
B♭	주님 뜻대로 살기로했네	253		**차**	
C	주님 말씀하시면 (말씀하시면)	22	F	찬송을 부르세요	172
D	주님 손에 맡겨 드리리 (전심으로)	53	G	찬양하세	220
			F	천국은 마치	173
C	주님 어찌 날 생각하시는지 (나는 주의 친구)	21	E	축복합니다 주님의 이름으로	90
G	주님은 신실하고	214	C	춤추며 찬양해 (나의 왕 앞에서)	29
G	주님은 아시네	215	G	친구야 나는 너를 사랑해	221
G	주님 큰 영광 받으소서	216			
F	주님 한 분 만으로	166		**카**	
C	주 다스리네	23	E	크신 주께 영광돌리세	91
F	주를 높이기 원합니다	167			
D	주를 앙모하는 자	24		**파**	
E	주를 향한 나의 사랑을	88	C	평안을 너에게 주노라	30
A	주 발 앞에 나 엎드려 (오직 예수)	246			
				하	
F	주 예수의 이름 높이세	169	D	하나님께 죄를 지어 (흰눈처럼 양털처럼)	57
D	주와 같이 길 가는 것 (찬송가 430장, 통 456장)	55	F	하나님께서 나를 사랑하셔 (정말로)	175
E	주의 보좌로 나아 갈때에 (예수 피를 힘입어)	89	F	하나님께서 당신을 통해	176
G	주의 이름 높이며	217	D	하나님은 너를 만드신 분 (그의 생각*요엘에게)	58
F	주의 인자하심이	168			
C	주의 임재 앞에 잠잠해	25	E	하나님은 너를 지키시는 자	92
D	주의 자비가 내려와	56	B♭	하나님은 사랑이예요	255
G	주의 친절한 팔에 안기세	218	F	하나님의 나팔 소리 (찬송가 180장, 통 168장)	174
C	주 이름 큰 능력 있도다	26			

E	하나님이 세상을 이처럼	93
D	하늘나라 천국잔치	59
G	하늘 위에 주님 밖에 (주는 나의 힘이요)	222
F	할렐루야 예수님은	177
D	할렐루야 전능하신 주께서 다스리네	60
F	함께갑시다	178
E	해 뜨는 데부터	94
G	호산나	223
D	호흡 있는 모든 만물	61
F	He's Changing Me	96
B♭	힘들고 지쳐 (너는 내 아들이라)	254
E	힘들고 지쳤을 때 (더 높이)	95

나의 발은 춤을 추며

내가 사랑하는 성령님
(당당히 걸어가요)

어린이선교협회

내 가 사랑하는 성령님 언제 나 내안에 계시 죠

성령님과함께세상 속 으로 당당히 걸어가요 세상

이 유혹해 도 흔들리지않아 요 성령

님 날 지켜 주시 니 나는항상든든 해

Copyright ⓒ 어린이선교협회. All rights reserved. Used by permission.

4. 내게 있는 향유 옥합
(옥합을 깨뜨려)

박정관

내게 있는 향유옥합 주께-가져와

그 발 위에 입맞추고 깨뜨-립니다

나를 위해 험한 산길 오르-신 그 발
나를 위해 십자가에 달리-신 그 발
주님 다시 이 땅 위에 임하-실 그 때

걸음마다 크신 사랑 새겨-놓 았 네
흘린 피로 나의 죄를 대속-하 셨 네
주의 크신 사랑으로 날 받아주 소 서

Copyright ⓒ 박정관, Adm. by KCMCA. All rights reserved. Used by permission.

9. 능력의 이름 예수
(Jesus Your name)

Claire Cloninger & Morris Chapman

능 력 의 이 – 름 예 – 수
치 유 의 이 – 름 예 – 수
거 룩 한 이 – 름 예 – 수

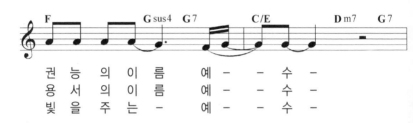

권 능 의 이 름 예 – – 수 –
용 서 의 이 름 예 – – 수 –
빛 을 주 는 – 예 – – 수 –

모 든 강 력 – – 을 – 파 하 는 예 – 수 –
자 유 주 시 – – 는 – 그 이 름 예 – 수 –
모 든 이 름 – – 위 에 뛰 어 난 예 – 수 –

생 명 되 신 – 예 수 –

Copyright © 1990 Word Music LLC/Maranatha! Praise Inc.,
Administered by CopyCare Asia(service@copycare.asia), All rights reserved, Used by permission.
Authorised Korean translation approved by CopyCare Asia.

모든 이름 위에 뛰어난 이름   10

고형원

모든 이름위 - 에 뛰어난 - 이 름   예수는 주   예수는 주

모두 무릎 꿇고 경 배를드리세 예 수는 만 유의 - 주님

예수는 주   예수는 주   온 천 하 만물우 - 러 러

그 보 좌앞 영 광을돌리 - 세예 수 예수   예수 는 - 주   -

Copyright ⓒ 고형원, Adm. by KCMCA, All rights reserved, Used by permission.

11 모두 찬양해
(Sing Sing Sing)

Chris Tomlin, Jesse Reeves,
Matt Gilder & Daniel Carson

모두 찬양해 - 천국에 - 울리는 노
- 래 모두 찬양해 - 주 - 님 들 - 으 시
- 네 감 - 사 드 리 며 - 예 수 이 름
- 높 이 - 세 -

Fine

사 랑 스 러 - 운 주 - 님 - 땅과하늘 - 찬 양 - 해 -

열 - 방 이 - 경 배 - 해 - 예 수 님 - 당 신 - 은 주

- 유 일 - 하 신 - 삶의 - 이 유

모두 찬양해

선한 목자 되신 우리 주

(찬송가 569장, 통 442장)

D. A. Thrupp & W. B. Bradbury

선 한 목 자 되 신 우 리 주 - 항 상 인 도 하 시 고
양 의 문 이 되 신 예 수 여 - 우 리 영 접 하 시 고
흠 이 많 고 약 한 우 리 를 - 용 납 하 여 주 시 고
일 찍 주 의 뜻 을 따 라 서 - 살 아 가 게 하 시 고

푸 른 풀 밭 좋 은 곳 에 서 - 우 리 먹 여 주 소 서
길 을 잃 은 양 의 무 리 를 - 항 상 인 도 하 소 서
주 의 넓 고 크 신 은 혜 로 - 자 유 얻 게 하 셨 네
주 의 크 신 사 랑 베 푸 사 - 따 라 가 게 하 소 서

선 한 목 자 구 세 주 여 항 상 인 도 하 소 서
선 한 목 자 구 세 주 여 기 도 들 어 주 소 서
선 한 목 자 구 세 주 여 지 금 나 아 갑 니 다
선 한 목 자 구 세 주 여 항 상 인 도 하 소 서

선 한 목 자 구 세 주 여 항 상 인 도 하 소 서
선 한 목 자 구 세 주 여 기 도 들 어 주 소 서
선 한 목 자 구 세 주 여 지 금 나 아 갑 니 다
선 한 목 자 구 세 주 여 항 상 인 도 하 소 서

14 성도들아 이 시간은
(기회로다)

성 도-들 아 이 시간은 은혜받을 기회로다
마 음-문을 활짝열고 찬송하며 기도하세
타 오-르는 제단위에 모든죄짐 던지어라
구 하-여라 사모하라 겸손하고 순종하라
내 일-아침 있다해도 인명생사 모르나니

성 령-님의 은혜역사 우리위에임하셨-네
하 나-님의 은혜말씀 왜못받아드리느-뇨
성 령-불에 못태운죄 주님가슴태우누-나
은 혜-깊은 하나님이 우리더욱사랑하-리
내 일-생에 은혜기회 늘있는줄생각마-라

기회로다 - 이시간은 - 은혜받을 - 기회로다 -

믿읍시다 - 받읍시다 - 이후에기회를 믿지마라 -

아름다운 마음들이 모여서 15

아름다운 마음들이 모여 서 주의 은혜 나누며 -
이 다음에 예수님을 만나 면 우린 뭐라 말할까 -

예수님을 따라 사랑해야 - 지 우리 서로 사랑해 -
그 때에는 부끄러움 없어야지 우리 서로 사랑해 -

하나님이 가르쳐준 한가지 - 네 이웃을 네 몸과 같이

미움 다툼 시기질투 버리 고 우리 서로 사랑해 -

예수 보다

19 예수 이름이 온 땅에

김화랑

예수 이름 이 온 땅에 -   온 땅에 퍼져가 네
예수 이름 이 온 땅에 -   온 땅에 선포되 네

잃어 버린영혼 예수이름 - 그 이름듣고 돌아오 네 - -
하나님의나라 열방중에 -   열방중에 임하시 네 - -

예수 님 기뻐 노래하시리 잃어버린영혼 돌아올 때 - -
하나 님 기뻐 노래하시리 열방이 - 주께 돌아올 때 - -

예수 님기뻐 춤추시리 잃어버린영혼 돌아올 때 - -
하나 님기뻐 춤추시리 열방이 - 주께 돌아올 때 - -

Copyright ⓒ 김화랑, Adm. by KCMCA, All rights reserved. Used by permission.

우리 모임 가운데

김상기 & 김주애

우 리 모임 가운데 우리 찬 양 가운데
함 께 하시 는주님 예배드 - 립니다
주 의자녀 삼으신 주님 사 랑알게하 - 신
나의왕 나의 하나님께예배 드 - 립 니 다

Copyright ⓒ 김상기&김주애. All rights reserved. Used by permission.

21 주님 어찌 날 생각하시는지

(나는 주의 친구 / Friend Of God)

Michael Gungor & Israel Houghton

주님 어-찌 날 -생 각-하시는 -지 -
들-으시는 -지 - 내-기 도 -
- 주님 진-실 로 -날 생-각하시 -네 -
날-사랑하 -네 - 놀라워 -라 - -
놀라워 -라 - - 놀라워 -라 - -
- -놀라워 -라 - - -놀라워 -라 - -
나는주의-친 -구 - 나 는주의-친 -구 -

주님 어찌 날 생각하시는지

25. 주의 임재 앞에 잠잠해 (Be Still)

David J. Evans

주의 임재 앞에 잠잠해 주 여기 계시네
주의 영광 앞에 잠잠해 주의 빛 비치네
주의 능력 앞에 잠잠해 주 역사하시네

와서 모두 굽혀 경배해 신령과 진리로
거룩한- 불태우시며 영광의 관 쓰네
죄 사하고 치유하시는 놀라운 주 은혜

순결하신 주님   거룩한 존전에
그 영광 찬란해   빛 되신 우리 왕
주 믿는 자에게   능치 못함 없네

주의 임재 앞에 잠잠해 주 여기 계시네
주의 영광 앞에 잠잠해 주의 빛 비치네
주의 능력 앞에 잠잠해 주 역사하시네

주 자비 춤추게 하네

Copyright © 2004 Thankyou Music.
Administered by CopyCare Asia(service@copycare.asia). All rights reserved. Used by permission.
Authorised Korean translation approved by CopyCare Asia

28. 주 품에 품으소서
(Still)

Reuben Morgan

Copyright © 2002 and in this translation 2005 Hillsong Music Publishing
Administered by CopyCare Asia(service@copycare.asia). All rights reserved. Used by permission.
Authorised Korean translation by All Nations Ministries.

너는 가서 만민에게
(Yes, Sir!)

35

너는 가서 만민에게 - 복음을 전파하라 - Yes,sir! 땅끝

까지이-르러- 복음을 선포하라 - Yes,sir! 주님

우리에게 명령하신일 땅끝까지 복음을 전하는일 예수님

우리에게 명령하신일 우린 주저없이 순종할래요 Yes,sir! 너는

가서 만민에게 - 복음을 전파하라 - Yes,sir! 땅끝

까지이-르러- 복음을 선포하라 - Yes,sir!

당신은 하나님의 언약안에 37

(축복의 통로)

이민섭

당신은－하나 님－의 언약 안에－있는축복의－통 로

당신을 － 통하여 － 서 열 방이 － 주 께－ 돌 아 오게 되 리
　　　　　　　　　　　　　　　주 께－ 예 배 하게 되 리

Copyright © 1999 이민섭. Adm. by YWAM Publishing Korea. All rights reserved. Used by permission.

40 복을 주시는 아빠 하나님

최미영 & 송세라

복을 주시는 아 빠 하나님   사랑하는 아빠 하나 님
복을 주시는 아 빠 하나님   사랑하는 아빠 하나 님

작 고 작 은 나 에게도 하 나 님 일   허 락 해 주 세 요
작 고 작 은 나 에게도 하 나 님 일   허 락 해 주 세 요

무 서 울 때 도 와 주시고   깜 깜 할 때 지 켜 주 시 는
말 씀 따 라 살 아 갈래요   천 국 복 음 전 하 겠 어 요

하 나 님 께 순종 하 는   멋진자녀로 자 라 겠 어 요
하 나 님 께 순종 하 는   멋진자녀로 자 라 겠 어 요

Copyright ⓒ 최미영&송세라. All rights reserved. Used by permission.

사랑의 주님이 41

44 싹트네 싹터요

우리 모일 때 주 성령 임하리 49
(As We Gather)

Mike Faye & Tommy Coomes

Copyright © 1981 CCCM Music/Coomsietunes.
Administered by CopyCare Asia(service@copycare.asia). All rights reserved. Used by permission.
Authorised Korean translation approved by CopyCare Asia.

50 이 날은 주가 지으신 날
(This Is The Day)

Rick Shelton

Copyright © 1990 Integrity's Hosanna! Music.
Administered by CopyCare Asia(service@copycare.asia). All rights reserved. Used by permission.
Authorised Korean translation approved by CopyCare Asia.

일하고 일은 51

일 하고 일은 교회가 되고요 이 하고 이는 꽃게 가 되고요

삼 하고 삼은 고양이 수염 사 하고 사 는 빨래가 되고요

오 하고 오 는 나 비가 되 어 주께 찬양 드 려 요

존귀 오 존귀하신 주

승 리 의 용- 사- 또 만 유 의 주 님 -

Copyright © 1976 The Servants of the word.
Administered by CopyCare Asia(service@copycare.asia). All rights reserved. Used by permission.
Authorised Korean translation approved by CopyCare Asia

53 주님 손에 맡겨 드리리

(전심으로 / With All I Am)

Reuben Morgan

주님손에 - - 맡겨드 - 리리 - - 나의 - 삶
주와함께 - - 걸어가리 - 라 - - 모든길 - 을

- 주님 께 - - 주님손이 - - 나의삶붙드 - 네
- 주신뢰 - 해 주뜻안에 - - 나 - 살아가 - 리

- - - 나주의 - 것 - 영원히 - - -
- - 주의약속 - 은 - 영원해 - -

내가믿 - 는분 - 예수 - 내가속 - 한분
- 예수 - 삶의이유되 - 시네 - - 내노래되 - 시네

- - 전심 - 으로 -

주와 같이 길 가는 것 55

(찬송가 430장, 통 456장)

A. B. Simpson, 1897

주와 - 같 이 길 가 는 것 즐 거 운 일 아 닌 가
어린 - 아 이 같은우리 미련하 고 약 하 나
꽃이 - 피 는 들판이나 험한골 짜 기 라 도
옛선 - 지 자 에녹같이 우리들 도 천 국 에

우 리 - 주 님 걸 어 가 신 발 자 취 를 밟 겠 네
주 의 - 손 에 이 끌 리 어 생 명 길 로 가 겠 네
주 가 - 인 도 하 는 대 로 주 와 같 이 가 겠 네
들 려 - 올 라 갈 때 까 지 주 와 같 이 걷 겠 네

한 걸 음 한 걸 음 주 예 수 와 함 께

날 마 다 날 마 다 우 리 걸 어 가 리

56. 주의 자비가 내려와
(Mercy is falling)

David Ruis

주의자비-가 내려-와 내려-와 주의자비-가 봄

비같이 주의자비-가 내려-와 나를 덮

네 - 헤이 호- 주의

자비하심과 헤이 호- 주의 은혜로

헤이 호- 나는 영원히 춤추리 -

Copyright © 1994 Mercy/Vineyard Publishing.
Administered by CopyCare Asia(service@copycare.asia). All rights reserved. Used by permission.
Authorised Korean translation approved by CopyCare Asia.

하나님께 죄를 지어

(흰눈처럼 양털처럼)

유정옥 & 조미진

하 나 님께 죄를지어 마 음이괴로 울 - 때

두려워 마세요 용기를 내세요

숨 김 없이 말하면 나 의 죄를용서 하세요

흰눈처럼 양털처럼 하얗게 씻어주세요 -

Copyright ⓒ 유정옥&조미진. All rights reserved. Used by permission.

58. 하나님은 너를 만드신 분
(그의 생각 *요엘에게)

조준모

하나-님은- 너를만드신--분- 너를 가장많--이-
하나-님은- 너를원하시-는분- 이- 세상그-무엇-

알고 계시며- 하나-님은- 너를 만드신--분-
그누구보다- 하나-님은- 너를원 하시-는분-

너를가장깊--이- 이해하신단다- 하나-님은- 너를
너와같이있--고- 싶어하신단다- 하나-님은- 너를

지키시-는분- 너를절대포--기- 하지않으며- 하나-
인도하시는분- 광-야-에-서도- 폭풍중에도- 하나-

님은- 너를지키시-는분- 너를쉬-지-않고- 지켜보신단다-
님은- 너를인도하-는분- 푸른초-장-으로- 인도하신단다-

그의 생각- 셀수 없고- 그의 자비- 무궁하며

하나님은 너를 만드신 분

그의 성실- 날마다 새 롭고- 그의 사랑- 끝이 없단 다

Word and Music by 조준모.
© BEE COMPANY(www.beecompany.co.kr). All rights reserved. Used by permission.

59 하늘나라 천국잔치

신덕재 & 이근호

하늘나라 천국잔 - 치 시작되었네 - 예! 친구들과 손을잡 - 고
재미있는 오락게 - 임 하고싶지만 - 예! 산과들과 바닷가 - 도

오륜교회로 - 예! 기쁨으로찬양하 - 여 라라라 라라 -
유혹하지만 - 예! 기도하며응답받 - 고 주님만 나며 -

하나님만예배하 - 네 주여 - 주여 - 주여 - 아 멘
사랑으로하나되 - 네 우리 - 모두 - 함께 - 아 멘

우리위해 베풀어 - 진 천국 잔치에 - 예! 나도나도 너도너 - 도

빠질수없어 - 예! 예수님이기다리 - 는 ○○교회로 -

사랑하는 친구들 - 과 모두다 같이 - 예!

Copyright © 신덕재&이근호. All rights reserved. Used by permission.

할렐루야 전능하신 주께서 60

(Hallelujah Our God Reigns)

Dale Garratt

할렐 루-야 전능 하신 주께서 다 스리 네

할렐 루-야 전능 하신 주께서 다 스리 네

모두함께 기뻐해 주 님 께모든영광 돌리세

할렐 루-야 전능 하신 주께서 다 스리 네

Copyright © 1972 Scripture In Song.
Administered by CopyCare Asia(service@copycare.asia). All rights reserved. Used by permission.
Authorised Korean translation approved by CopyCare Asia.

63 감사 감사 예수

(예수 내 맘에)

감사 감사 예수 감사 감사 예수 감사감사예수내맘 에 - -

감사감사예수 감사감사예수 감사 감사 예수 내 맘 에

2. 은혜충만예수　3. 말씀충만예수　4. 성령충만예수
5. 능력충만예수　6. 믿음충만예수　7. 소망충만예수
8. 사랑충만예수　9. 축복충만예수　10. 영광충만예수

69. 내 마음을 가득 채운
(Here I am again)

Tommy Walker

내 마음을 가득 채운 주 향한 찬양과 사랑 어떻게 표현할 수
수많은 멜로디와 찬양들을 드렸지만 다시 고백하기 원

있나   수많은 찬양들로 그 맘 표현할 길 없어
하네   주님은 나의 사랑 삶의 중심 되시오니

다시 고백합니다 -   주 사 랑 해요 온 맘 다하여
주를 찬양합니다 -

말로 다- 할 수- 없어- 오---주 사 랑 해 요

찬양 받아 주 소서 - -   주님 사랑 다시 고백

하는 새 날 주심 감사 해--요-
하는 찬양 주심 감사 해--요-

70 내 주를 가까이

(찬송가 338장, 통 364장)

S. F. Adams & L. Mason

내 주를 가까이 하게 함은
내 고생 하는 것 옛 야곱이
천 성에 가는 길 험하여도
야 곱이 잠 깨어 일어난 후

십자가 짐 같은 고 - 생이나
돌 베개 베고 잠 같 - 습니다
생 명길 되나니 은 - 혜로다
돌 단을 쌓은 것 본 - 받아서

내 일생 소원은 늘 찬송하면서
꿈 에도 소원이 늘 찬송하면서
천 사날 부르니 늘 찬송하면서
숨 질때 되도록 늘 찬송하면서

주 께 더 나 가기 원 - 합니다

73. 동서남북 어디든지

(가리라)

파이디온

동서남북 어디든지 - 주님가라 명하시면 -

나는 나는 가리라 - 복음 들고 가리라 - 가리

라 가리 라 죄에 빠진 사람에게 - 가리

라 가리 라 죽어 가는 사람에게 -

문들아 머리 들어라 74

손을 높이 들고

(Praise him on the trumpet)

John Kennett

손을높이들고 주를찬양 - 높은곳을향해 주를찬양 - -

모든 만물들은 주를 찬 - 양하라 - 왕의왕되신

예수 - 다스리시는 예수 - 생명있음을 찬양 해 -

할렐루야 주를찬양 - 할렐루야 주를찬양 - -

생명있음을 찬양 해 - - - - - 을 찬양 해 -

Copyright ⓒ 1981 Thankyou Music.
Administered by CopyCare Asia(service@copycare.asia). All rights reserved. Used by permission.
Authorised Korean translation approved by CopyCare Asia.

79 예수님 만나고 싶어요

박연훈

예수님 만나고 싶어요 예수님 만나고 싶어요

손을 모아 - 기도할 때　응 답 해 주 세 요
손을 들어 - 찬양할 때　기 뻐 해 주 세 요
손을 드려 - 전도할 때　사 랑 해 주 세 요

Copyright ⓒ 박연훈. All rights reserved. Used by permission.

84. 위대하고 강하신 주님
(Great and mighty is the Lord our God)

Mariene Bigley

위 대 하 - 고 강 하 신 주 님 - 우 리 주 하 나 님

위 대 하 - 고 강 하 신 주 님 - 우 리 주 하 나 님

깃 발 을 높 이 들 고 흔 들 며 - 왕 께 찬 양 해

위 대 하 - 고 강 하 신 주 님 - 우 리 주 하 나 님 —

위 대 하 - 고 강 하 신 주 님 - 우 리 주 하 나 님

Copyright © Lorenz Publishing. All rights reserved. Used by permission.

좋으신 하나님
(God is good)

Graham Kendrick

좋 으 신 하 나 님   좋 으 신 하 나 님
우 리 의 기 도 를   응 답 해 주 시 는
한 없 는 축 복 을   우 리 게 주 시 는

참 좋 으 신 나 의 하 나 님

Copyright ⓒ 1985 Thankyou Music.
Administered by CopyCare Asia(service@copycare.asia). All rights reserved. Used by permission.
Authorised Korean translation approved by CopyCare Asia

주의 보좌로 나아 갈때에
(예수 피를 힘입어)

양재훈

Copyright © 2009 Anointing Music. All rights reserved. Used by permission.

90 축복합니다 주님의 이름으로

이형구 & 곽상엽

축복합니다 - 주님의 이 름으로 -

축복합니다 - 주님의 사 랑 - 으로

- - 이곳에 모인주의거 - 룩한

자녀에게 주님의기쁨과주 - 님의사랑 - 이 충만

하게 충만하게넘치기를 -

God bless you God bless you

축복합니다 - 주님의 사 랑 - 으로 -

Copyright ⓒ 이형구&곽상엽, Adm. by KOMCA, All rights reserved. Used by permission.

92 하나님은 너를 지키시는 자

정성실

하나 님은 너를 지키 시는 자 너의 우편 에 그늘 되-시니-

낮의 해 와 밤의 달- 도 너를 해 치 못 하 리 -

하나 님은 너를 지키 시는 자녀의 환 난 을 면케 하-시니-

그가 너 를 지 키시리 라 너의 출입을 지키시리 라

눈을 들어 산을 보아라 너의 도움 어디 서 오나

천지 지으신 너를 만드신 여 호와께 로 - 다

Copyright ⓒ 정성실, Adm. by KCMCA, All rights reserved, Used by permission.

이일래

Copyright ⓒ 이일래. All rights reserved. Used by permission.

거룩하신 하나님
(Give Thanks)

Henry Smith

Copyright ⓒ 1978 and in this translation 2000 Integrity's Hosanna! Music.
Administered by CopyCare Asia(service@copycare.asia). All rights reserved. Used by permission.
Authorised Korean translation by All Nations Ministries.

98. 구주의 십자가 보혈로

(찬송가 250장, 통 182장)

E. A. Hoffman & J. H. Stockton

1. 구주의 십자가 보혈로 죄 씻음 받기를 원하네
2. 죄악을 속하여 주신 주 내 속에 들어와 계시네
3. 주 앞에 흐르는 생명수 날 씻어 정하게 하시네
4. 내 주께 회개한 영혼은 생명수 가운데 젖었네

1. 내 죄를 씻으신 주 이름 찬송합시다
2. 십자가 앞에서 주 이름 찬송합니다
3. 내 기쁨 정성을 다하여 찬송합시다
4. 흠 없고 순전한 주 이름 찬송합시다

찬송합시다 -- 찬송합시다 --

내 죄를 씻으신 주 이름 찬송합시다

나를 향한 주님의 사랑 105

주영광

나를 향 한주님의사 - 랑 그누구 - 도 바꿀수없 - 네

나의영 - 혼 언제나주 - 를 원해 -   - 나를 -

주의권세 - 와 능력 - 이 영원영 - 원 - 토록 내삶 - 에

언제나 - 날 - 이끌 - 어 주 - 소서 -   - 나를 -

Copyright ⓒ 주영광. Adm. by CCMSKY All rights reserved. Used by permission.

나 어리고 나 작아도
(세계를 품는 아이들)

양승헌 & 곽상엽

나 어리-고 나 작아도- 하나님-자녀-

온 세상-을 품으시는- 아 버 지 처럼-

모 든 민족 모 든 사람 구 원얻-도록-

이 가슴에-저 큰 세계- 품 고 자라요-

이 가슴에-저 큰 세계 품 고 자라 요-

Copyright ⓒ 양승헌&곽상엽. All rights reserved. Used by permission.

나의 가는 길

109 나의 마음 속에
(땅끝까지)

원종수

나의 마음속에 가득넘-치는 - 주님의 그 사랑-으로

- 세상을 향해 나-가리 - 주님명-령따라

나의모든삶을 주관하-시는 - 주님과 함-께-라면

- 나 어디-든- 두렵지-않아 - 땅 끝 까 지 -

주의복음들고 가 리라 - 주님 나와함께 하 시면 -

어느누가 나를 막으리- 세 상 속 에 - 한알의밀알이

되 리 라 - 나의나된모습 낮추고 - 오직주님 만을

나의 마음 속에

110 나의 모습 나의 소유
(I Offer My Life)

Claire Cloninger & Don Moen

나의모습 - 나의소유 - 주님앞에 - 모두드
어제일과 - 내일일도 - 꿈과희망 - 모두드

-립니다 - 모든아픔 - 모든기쁨 - 내
-립니다 - 모든소망 - 모든계획 - 네

모든눈물 - 받아 - 주소서 -
손과마음 - 받아 - 주소서 -

나의 생명을드 - 리니 주영광위 - 하여 -

사용하옵소서 내가사는날동 - 안에 주를찬양 - 하며 -

기쁨의제물 되리 - 나를받아주 소서 - -

나의 모습 나의 소유

Copyright © 1994 and in this translation 2001 Integrity's Hosanna! Music/Juniper Landing Music/Word Music LLC.
Administered by CopyCare Asia(service@copycare.asia). All rights reserved. Used by permission.
Authorised Korean translation by All Nations Ministries.

111. 나의 왕이신

유승희

나의 왕이 신 하나님 내 안에 들어 오셔서
나의 왕이 신 예수님 내 안에 들어 오셔서
나의 왕이 신 성령님 내 안에 들어 오셔서

날 만드시고 생명 주 - 시니 - 나 주를 찬양 합니다
구원 하시고 소망 주 - 시니 - 나 주를 찬양 합니다
가르치시고 나를 도우시니 - 나 주를 찬양 합니다

Copyright © 2011 Child Evangelism Fellowship of KOREA Inc.
All rights reserved. Used by permission.

115 내 맘 속에 거하시는
(Joy in the Holy Ghost)

Russell Fragar

내 맘 속에 거 하 - 시 는 - 참
매 일 매 일 - 채 우 - 시 는 - 성

좋 은 내 - 친 구 -   주 가 늘 - 함 께 - 하 시 니
령 의 은 - 혜 와 -   성 령 믿 - 음 확 - 신 나 - 는

난 외 롭 지 않 네 -   주 가 계 획 하 신 - 길 내 - 소 망
말 할 수 - 있 네 -   나 의 마 음 내 모 - 든 것 - 다 주

- 보 다 더 - 크 네 - 사 랑 은 혜 평 화 능 - 력 성
- 님 께 드 - 리 리 -

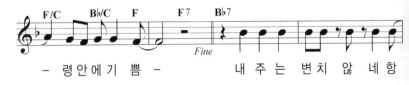
- 령 안 에 기 쁨 -   내 주 는 변 치 않 네 항

- 상 내 - 안 에 -   나 의 - 죄 사 - 하 시 - 고 날 자

내 맘 속에 거하시는

너는 소중한 아이 116
(You are always there)

주수정

117 내 모든 삶의 행동
(Every Move I Make)

David Ruis

내 모든 삶의 행동 주 안에 - 주님 안 - 에 있네 나의 숨 쉬는 순간들

도 　 내 모든 삶의 걸음 주 안 에 내 길도 - 주 안에

나의 숨 쉬 는 순 간 들 　 도 　 랄 라 라 라 - 라 라

랄 라 라 라 - 라 라 　 자 비 와 은 혜 의 물 결

어 디 서 나 주 - 얼 굴 - 보 네 - 주 사 랑 날 붙 드 네

오 놀 라 운 주 - 님 의 사 랑 -

Copyright © 1996 Mercy/Vineyard Publishing.
Administered by CopyCare Asia(service@copycare.asia), All rights reserved, Used by permission.
Authorised Korean translation approved by CopyCare Asia

119 누구든지 그리스도 안에
(새롭게 하시죠)

유승희

누구든지 그리스도 안에 있으면 새로운 피조물 - 이라

이전 것은 지나 갔으 니 보라 새것이 되었도다 - 예수

님의 능력은 - 나를 변화 시키시죠 - 예수님의 사랑은

- 나를 새 롭게 새롭게 하시죠 - -

Copyright ⓒ 유승희. All rights reserved. Used by permission.

121 다 표현 못해도
(그 사랑 얼마나)

설경욱

다　표현 못해도- 나 표현 하리라- 다 고백 못해도- 나-

고 백 하 리 라- 다 알 수 없 어 도- 나 알 아 가 리 라- 다

닮 지 못 해 도- 나- 닮 아 가 리 라　　- 다

닮 아 가 리 라　　-　그 사 랑 얼 마 나- 아 름 다 운 지- 그 사

랑 얼 마 나- 날 부 요 케 하 는 지- 그 사 랑 얼 마 나- 크 고

놀 라 운 지 를- 그 사 랑 얼 마 나- 나 를 감 격 하 게 하 는 지

Copyright ⓒ 설경욱, Adm. by KCMCA, All rights reserved, Used by permission.

두려워도 겁을 내지 말아요 122
(슈퍼스타 예수)

아이린 채플 그리스도 교회

두려워도 겁을 내지 말 아요 -　우리 예수님을 전해요 -

텔레비젼 수퍼스타 보다도 -　더욱 위대하신 예수 - 님 -

예　수　수퍼스타 -　　예　수　우리왕 -

어딘가에 - 서 - 나를부르 - 시는　예수님의음 - 성 -

두 려울 - 때에　용기를주 - 시는　성 령 의 - 능력 -

예　수　수퍼스타 -　　예　수　우리왕 -

125 마음이 상한 자를

(He binds the broken-hearted)

Stacy Swalley

마 음이상 - 한자 - 를   고 치 시는 - 주 님 -
성 령으로 - 채우 - 사   주 보 게하 - 소서 -

하 늘의 - 아버 - 지   날 주관하 - 소서 - - 주
주 의임 - 재속 - 에   은혜 알게하 - 소서 - - 주

의 길로 - 인도 - 하사   자 유케하 - 소서 -
뜻 대로 - 살아 - 가리   세 상끝날 - 까지 -

새 일을행하 - 사   부흥 케 - 하 - 소서 -   의에
나 를빛으시 - 고   새날 열어주 - 소서 -

주 리고 - 목이마 르니 -   성령의 - 기름 - 부으 - 소

서   의에주 리고 -   목이 마 르니 -

마음이 상한 자를

내 잔을- 채워- 주소 서

Copyright © 1993 Swalley Music. All rights reserved. Used by permission.

126 말씀과 기도와 찬양으로
(말.기.찬)

이기우 & 신요한

말씀과 기도와 찬양으로 예배해

우리는 예수님 친구가 될 수 있죠

예수님 우리에게 친구하자 말하세요

우리도 예수님께 우리 맘을 고백해요

말씀 - 하나님 목소리 - -

기도 - 하나님께 말 해요 -

찬양 - 이제 고백해 요 - -

예수 - 예 - 수 - 예수님 믿어 요 - -

Copyright ⓒ 이기우&신요한. All rights reserved. Used by permission.

무덤 이기신 예수
(할렐루야)

Scott Brenner

무 덤이- 기- 신 - 예 - 수 죽으 시 고다-시-사-셨--네
보 좌에- 앉-으 -신- 주 영원 토 록다-스 리-시--네

죄 의저-주-끊 -으-셨네 예수승 리의-주 할 렐루-야
예 수사-단-정 -복--하고 - 사 망권-세 무 너 뜨렸-네

예 수-만-- 유 의 - 주

할 렐-루야   할 렐루 - 야

할 렐루 - 야 영-광-의 찬 양- 주께 -

Fine

주께영광 드리 - 세   주께영광 드리 - 세

D.S.

Copyright © 2002 Scott Brenner Music, Adm. by Shekinah Media.
All rights reserved. Used by permission.

128 모든 상황 속에서

김영민

모든 상황속 - 에 서 　주를 찬양할 - 지 라
주의 얼굴구 - 할 때 　주의 영을 부 - 으 사

주는 너의 큰 - 상 급 　큰 도 - 움이 - 시 라 　서 내
크신 사 랑안 - 에 서 　주를 보게 하 - 소

영혼이 - 확정되고 - 확 정되었 - 사오 - 니 - 믿 음의 눈들 - 어 - - 주를

바라봅 - - 니다 내 영혼이 - 확정되고 - 확 정되었 - 사오 - 니 - 믿

음의 눈들 - 어 - - 주를 바라봅 - 니 다 　　　주를

바 라볼 - 때 주의 나 - 라 이 미임 - 했네 그 - 영원한 - 나라 -

모든 상황 속에서

보 게 하 - 소 서 　　　　- 　　　- 　　내

Copyright ⓒ 김영민, Adm. by Kwangsoo Media All rights reserved. Used by permission.

129 보소서 주님 나의 마음을

(주님 마음 내게 주소서)

Ana Paula Valadao

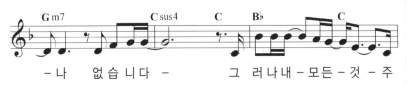

부흥 있으리라
(There's Gonna Be A Revival)

131

Renee Morris

부흥 - 있 - 으 리 - 라 - 이 땅에 - - -

부흥 - 있 - 으리 - 라 - 이땅에 - - - 동 쪽 과

- (동쪽) 서쪽 - (서쪽) 남쪽 - (남쪽) 북쪽에 -

부흥 - 있 - 으리 - 라 - 이 - 땅에 - -

- - - - - - - - - 이 땅 에

Copyright © 1983 Great Sweetwater Publishing,
All rights reserved. Used by permission.

선한데는 지혜롭고 134
(You are always there)

Peter Jacobs & Hanneke Jacobs

Romans sixteen Nineteen says   Romans sixteen Nineteen says 선

한 데는 -   지 혜롭 고 - 악 한데는 -   미 련하 라 - 선

한 데는 -   지 혜롭 고 - 악 한데는 -   미 련하 라 - 평강

의 주 님 속 히 사 단을 너 희발 아 래에   상 하게 - 하리 평강

의 주 님 속 히 사 단을 너 희발 아 래에   상 하게 - 하리

Copyright © 1991 Scripture In Song.
Administered by CopyCare Asia(service@copycare.asia). All rights reserved. Used by permission.
Authorised Korean translation approved by CopyCare Asia.

137 손뼉을 치고 싶소

*손뼉을 치고싶소 찬송을 부르며 큰소리 외쳐 아멘 아 멘

영광 속에서 기뻐 뛰놀며 난거듭 났 네

*두손을높이들고, 목소리높이어서

138 아버지 사랑합니다
(Father, I Love You)

Scott Brenner

아 버지 -   사랑 합니다 -   아 버지 -   경배합 니다 -
예 수님 -   사랑 합니다 -   예 수님 -   경배합 니다 -
성 령님 -   사랑 합니다 -   성 령님 -   경배합 니다 -

아 버지 -   채워주소서 - 당신의 - 사 랑 - 으로 -
예 수님 -   채워주소서 - 당신의 - 사 랑 - 으로 -
성 령님 -   채워주소서 - 당신의 - 능 력 - 으로 -

Copyright © 1995 Scott Brenner Music, Adm, by Shekinah Media,
All rights reserved, Used by permission,

139 승리는 내 것일세
(There Is Victory For Me)

Harry Dixon Loes

* 믿음, 소망, 사랑, 구원, 응답, 축복

예수님 보혈 날 위해 143

주수정

예수 님 보혈 - 날 위 해 흘렸네 - 나를 향한 - 끝없는 - 사 랑

예수님 보혈 - 나를 살 렸네 죄에서 구원하 - 셨 네

사랑 합니다 - 나의 예 수님 죄에서 건져주 - 신 예 수 님

사랑 합니다 - 나의예 수님 주위해 살겠어 요

Copyright ⓒ 주수정. All rights reserved. Used by permission.

예수님의 사랑안에서 145

예수님의 사랑안에서 날마다 살고싶어-요

다른길로 가지않아요 예수님만따라갈래요

예수-님 사랑의 예수-님- 나를-꼭안아주세요

예수-님 사랑의 예수-님- 나를-꼭지켜주세요

146 예수 주 승리하심 찬양해
(Jesus we celebrate Your victory)

John Gibson

예 - 수   주 승리하 - 심 찬 - 양해 -

예 - 수   생 명 을 주 - 셨 네 -

예 - 수   자 유주 - 심 기 - 뻐해 -

예 - 수 생 명 - 을 주 - 셨 네 -   -

구 원 의 주 - 님 - 자 유 케 하셨 네 - - 모
주 님 의 성 - 령 - 내 안 에 계시 니 - 담 대

든 죄 의 - 멍 에 - 를 - 주 가 깨 뜨 리 셨 네 -
히 주 께 - 나 갈 - - - - 담 력 을 얻 었 네 -

예수 주 승리하심 찬양해

Copyright ⓒ 1987 Thankyou Music.
Administered by CopyCare Asia(service@copycare.asia). All rights reserved. Used by permission.
Authorised Korean translation approved by CopyCare Asia.

149 오늘은 즐거운 날
(생일 축하곡)

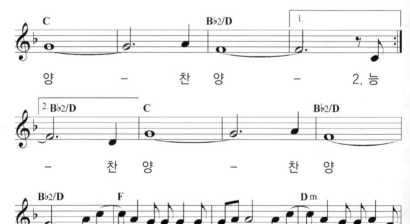
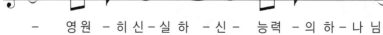

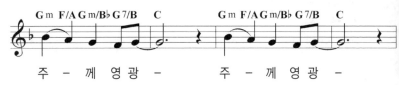

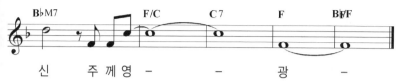

156 웃음있는 나라 헤이

158 이 세상의 부요함보다
(Better than Life)

Marty Sampson

이 세상의 부 요함 - 보다 - 이 세상의 좋은 친 - 구보 - 다

나의 꿈을 이루 는 - 것보다 더 귀 - 한 - 분

필요한 모든 것을 다 얻고 - 내가 원한 - 삶을 사 - 는 것보다

어느 누구의 그 사랑보다 - 귀한 - 분 - 붙 드 - 소서 - 주님 나

- - 를 놓 - 지 마 - 소서 - - -

내 영혼 - 비추시 - 고 내게 생 - 명 주신 주 - 님

주의 사 - 랑 너 - 무 커 - 나의 맘 드려 - 주께

이 세상의 부요함보다

159. 일어나라 주의 백성

이천

일어나라 주 의 백성 빛을 발 하라
주가너의 영 광으로 임하시 리라
온세상이 어 둠 속에 헤 매고 있지만
주가너와 함 께 계셔 회 복을 명하리라
일어나라 빛을 발 하라
만백성이 너의 빛 을 보고 사방에서 나아오네
일어나라 빛을 발 하라
만백성이 자유 함을 얻어 기뻐하는도다

Copyright © 2002 이천, Adm. by KOMCA. All rights reserved. Used by permission.

161 죄 많은 이 세상은
(이 세상은 내 집 아니네)

주는 나를 기르시는 목자 164

(찬송가 570장, 통 453장)

최봉춘 & 장수철

주는 나 를 - 기르시는 목자 - 요 나는 주님의 귀한 어린 양
예쁜 새 들 - 노래하는 아침 - 과 노을 비끼는 고운 황혼 에
못된 짐 승 - 나를해치 못하 - 고 거친 비바람 상치 못하 리

푸른 풀 밭 - 맑은시냇 물 가 - 로 나를 늘 인도하여 주신 다
사랑 하 는 - 나의목자 음 성 - 이 나를 언 제나 불러 주신 다
나의 주 님 - 강한손을 펼 치 - 사 나를 주 야로 지켜 주신 다

주 는 나 - 의 좋은 목 자 나는 그 - 의 어린 양 -

철을 따 라 - 꼴을먹여 주 시 - 니 내게 부족함 전혀없어 라

주님 한 분만으로

166

박철순

주님 한분만으로- 나는 만족-해- 나의모든것되신- 주님

찬 양- 해- 나 의 영원한생명- 되신 예 수-님- 목

소 리높- 여찬 양 해 주 님의 크시 사랑찬-양해- 나의

힘 과 능 력- 이 되신-주- 나 의 모든삶- 변 화

되었- 네- 크 신 주의사랑 찬 양 해

Copyright ⓒ 박철순, Adm. by KCMCA. All rights reserved. Used by permission.

169 주 예수의 이름 높이세
(We Want To See Jesus Lifted High)

Doug Horley

주 예수의 이 - 름 높 - 이 세 - 온 땅을 덮는

- 깃 발 - 처 럼 - 모든 사람 진 - 리를 보 며

- 길 되신 주 - 를 알 리 주 예 수 여

주 예 수 여 높임을 받으 - 시 옵 - 소 서

- 주 예 수 여 주 예 수 여 높임을 받으

- 시 옵 - 소 서 - 한 걸 음 씩 전 - 진 하

주 예수의 이름 높이세

Copyright © 1993 and in this translation Thankyou Music.
Administered by CopyCare Asia(service@copycare.asia). All rights reserved. Used by permission.
Authorised Korean translation by All Nations Ministries.

170 주 하나님 독생자 예수

(살아계신 주 / Because He Lives)

Gloria Gaither/Bill Gaither & William Gaither

주 하 나 님 — 독 생 자 예 수
주 안 에 서 — 거 듭 난 생 명
그 언 젠 가 — 주 뵐 때 까 지

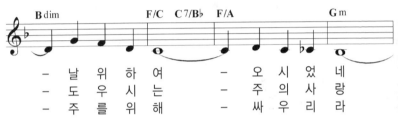

— 날 위 하 여 — 오 시 었 네
— 도 우 시 는 — 주 의 사 랑
— 주 를 위 해 — 싸 우 리 라

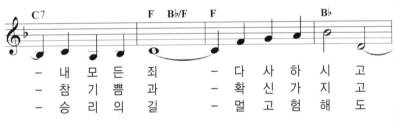

— 내 모 든 죄 — 다 사 하 시 고
— 참 기 쁨 과 — 확 신 가 지 고
— 승 리 의 길 — 멀 고 험 해 도

— 죽 음 에 서 부 활 하 신 나 의 구 세 주
— 예 수 님 의 도 우 심 을 믿 으 며 살 리
— 주 님 께 서 나 의 앞 길 지 켜 주 시 리

— 살 아 계 신 주 — 나 의 참 된 소 망

주 하나님 독생자 예수

Copyright © 1971 William J. Gaither, Inc.,
Administered by CopyCare Asia(service@copycare.asia). All rights reserved. Used by permission.
Authorised Korean translation approved by CopyCare Asia

171 주 하나님은
(불타오르네)

메빅

주 하 나 님 은   타 오 르 는 불 꽃
우 리의 - 마음 속에 뜨겁게 불태우네 - -
주 하 나 님 은   타 오 르 는 불 꽃
마 음 속 - 깊이 불 타 오르게 하 네

Fine

예 수 님 을 전 하 는 - 불 - 꽃 이 -
믿 음 의 용 사 들 을 - 통 - 해 서 -
지 금 불 타 오 르 네 - 온 세 상 에 -
지 금 불 타 오 르 네 - 타 오 른 다 네

D.C

찬송을 부르세요 172

찬송을 부르세요 찬송을 부르세요
기도를 드리세요 기도를 드리세요
서로 사랑하세요 서로 사랑하세요
말씀을 들으세요 말씀을 들으세요

놀라운 일이 생깁니다 찬송 부르세요
놀라운 일이 생깁니다 기도 드리세요
놀라운 일이 생깁니다 서로 사랑해요
놀라운 일이 생깁니다 말씀 들으세요

173 천국은 마치

김노아 & 김홍영

천국-은마 치 - 밭에 감 추-인보 화-

땅 속 에 묻힌 - 아 무 도 모르는보-석-

천국-은마 치 - 밭에 감 추-인보 화-

땅속에묻힌 - 아 무 도 모르는보-석 이라-네

그 보석-발견한사 람은 - 기뻐 뛰 며-집에 돌-아 가-

집 팔고-땅팔고 냉장고팔 - 아 기어 -이그밭- 을사 고말-거야-

Copyright ⓒ 김노아&김홍영. All rights reserved. Used by permission.

하나님의 나팔 소리 174

(찬송가 180장, 통 168장)

J. M. Black

하나 님의나팔소 리천지 진동할때에예수 영광중에구름타시 고
무덤 속에잠자는자 그때 다시일어나영화 로운부활승리얻으 리
주님 다시오실날을 우리 알수없으니항상 기도하고깨어있어 서

천사 들을세계만 국모 든 곳에보내어 구원 받은성도들을모으 리
주가 택한모든성도 구름 타고올라가 공중 에서주의얼굴뵈오 리
기쁨 으로보좌앞에 우리 나가서도록그때 까지참고기다리겠 네

나팔불 - 때나의 이 름 나팔불 - 때나의 이 름

나팔불 - 때나의 이 름 부를 때에잔치참여하겠 네

175 하나님께서 나를 사랑하셔
(정말로)

메빅

하나님께서 나를 사랑하셔 나는 -
예수 안에서 지금 빛의 아이다 -
예수님은 떠나지 않아 나를 -
절대 버리지 않네 믿 - 기만 하면 -
정말로 - 정말로 - 사랑받
고 있지 사랑받고 있지 너도 이걸 알고 있
니 - 정말로 -

기쁨 가득

180

김보애 & 김주애

기쁨가득 찬양해요 목소리 높여

기쁨가득 예배해요 온 맘 다 - 해

마음속에커져가는 기 쁨 하나님이 내게주신 기 - 쁨 -

마음속에자라나는 기 쁨 하나님이 내게주신기쁨 -

나 는 하나님만 찬양할래요 나 는 하나님만 예배할래요

나 는 하나님만 찬양할래요 하나님만예배할래 - 요 -

Copyright ⓒ 김보애&김주애. All rights reserved. Used by permission.

181. 나의 안에 거하라

류수영

나의 안에 거하라 - 나는 네 하나님이니 - 모든

환난 가운데 - 너를 지키는 자라 - 두려워하지 말라 - 내가 널

도와주리니 - 놀라지 말라 - 네 손 잡아 주리라 - 내가 너를

지명하 - 여 불렀나 - 니 너는 내 것이라 - 내 것이라 - 너의

하나님이라 - 내가 너를 보배롭 - 고 존귀하 - 게

여기노라 - 너를 사랑하 - 는 네 여호와라 -

나의 힘이 되신 여호와여

Copyright ⓒ 최용덕, Adm. by Sing Koinonia Publishing, Korea.
All rights reserved. Used by permission.

184 너무너무 좋아서
(나도 기도할 수 있어요)

서동일

너무너무 - 좋아서 - 기쁠 때 - 두손모아 - 기도를 - 드려봐 - 요
아주아주 - 힘들고 - 슬플 때 - 두손모아 - 기도를 - 드려봐 - 요

감사하고 - 또감사 - 할수록 - 내 맘속기 - 쁨은커 - 져가네 - -
모든고민 - 털어놓 - 을수록 - 내 맘속슬 - 픔은작 - 아지네 - -

기도하면 - 은 행 - 복해요 - 기도하면 - 은 슬 - 픔없네 -
기도하면 - 은근 - 심없고 - 기도하면 - 은 슬 - 픔없네 -

기도하면 - 은 기 - 쁨으로 - 성 령 충 만해 - 요

기도함으 - 로씨 - 를뿌려 - 기도함으 - 로열 - 매맺어 -

기도함으 - 로 믿 - 음얻고 - 모 두 승 리해 - 요

너무너무 좋아서

예 수님 이름으로 기 도 드려 요   아 멘

당신은 하나님의 거룩한 성전 185

이길우

당 신은 – 하나님의 –   거룩한 – 성전 –   내 안에 – 주
내 몸은 – 하나님의 –   거룩한 – 성전 –   내 안에 – 주
우 리는 – 하나님의 –   거룩한 – 성전 –   우리안에 – 주

성 령계 – 시네 –   당 신을 – 통하여서 –   하 나님 – 나라
성 령계 – 시네 –   내 삶을 – 통하여서 –
성 령계 – 시네 –   우 리를 – 통하여서 –

– 이 땅 위에 –   이   뤄 지리   –

186 내 손을 주께 높이 듭니다
(찬송의 옷을 주셨네)

박미래 & 이정승

내 손을주께높 이 듭 니 다 내 찬양받으실 주 님
라 라라라라라 라 라 라라 라 라라라라라 라 라

내 맘을주께활 짝 엽 니 다 내 찬양받으실 주 님
라 라라라라라 라 라 라라 라 라라라라라 라 라

슬 픔 대 신 희 락 을 — 재 대 신 화 관 을

근 심 대신찬 송 을 — 찬 송 의 옷을주셨네 라

Copyright © 박미래&이정승. All rights reserved. Used by permission.

194 승리하였네
(We have overcome)

Daniel Gardner

승리하였네 - 어린 양의 보혈로 - 우린

보 혈의 - 능 력으로 서 - 리라 -

승 리 하 였네 - 어 린 양의 보 혈로 - 주

내 게 승 리 주 - 셨네 - -

196 심령이 가난한 자는

김진아

심령이 가난한 자는 복 - 이 있나니 천국이 그들의 것임이요 -

애통하는 자는 복 - 이 있나니 그들이 위로를 받을 것

임이요 - 온 - 유한 자는 - - 복 - 이 있나니 - - 그들

이 땅을 기업으로 받을 것임이라 - 마태복음 5 - 장 3

- 4 5 - 절 말씀을 내 삶으로 보여주며 살래요 - (말씀)

200. 영광 높이 계신 주께
(Glory, Glory In The Highest)

Danny Daniels

Copyright ⓒ 1987 and in this translation 2000 Mercy/Vineyard Publishing.
Administered by CopyCare Asia(service@copycare.asia). All rights reserved. Used by permission.
Authorised Korean translation by All Nations Ministries.

예수님이 말씀하시니 201

예수님이 말씀하시니 물이 변하여 포도주됐네
예수님이 말씀하시니 바디메오가 눈을떴다네
예수님이 말씀하시니 죽은나사로가 살아났다네
예수님이 말씀하시니 거친바다가 잔잔해졌네

예수님이 말씀하시니 물이 변하여 포도주됐네
예수님이 말씀하시니 바디메오가 눈을떴다네
예수님이 말씀하시니 죽은나사로가 살아났다네
예수님이 말씀하시니 거친바다가 잔잔해졌네

예수님 - 예수님 - 나에게도말씀하셔서 -

새롭게 - 새롭게 - 변화시켜주소서

202 예수님 찬양

Charles Wesley & R.E.Hudson

예수님 찬양 예수님 찬양 예수님찬양합시다
예수이름을 부르는자는 구원을얻으리로다
예수이겼네 예수이겼네 예수사탄을이겼네
예수이름을 높이는자는 새힘을얻으리로다
예수님권세 예수님권세 예수님권세내권세

예 수 님 찬 양   예 수 님 찬 양   예수님찬양 합 시 다
예 수 이 름 을   부 르 는 자 는   구 원을얻으 리 로 다
예 수 이 겼 네   예 수 이 겼 네   예수사탄을 이 겼 네
예 수 이 름 을   높 이 는 자 는   새 힘을얻으 리 로 다
예 수 님 권 세   예 수 님 권 세   예수님권세 내 권 세

할   렐 루 야   할   렐 루 야

예 수 님 찬 양 합 시 다   예 수 님찬양 합 시 다
구 원 을 얻 으 리 로 다   구 원을얻으 리 로 다
예 수 사 탄 을 이 겼 네   예 수 사 탄 을 이 겼 네
새 힘 을 얻 으 리 로 다   새 힘 을 얻 으 리 로 다
예 수 님 권 세 내 권 세   예 수 님권세 내 권 세

Copyright © Charles Wesley&R.E.Hudson, All rights reserved, Used by permission,

207 우리 함께 모여
(We're Together Again)

Gordon Jensen & Wayne Hilton

우리 함께 모여 -   주의 이름 찬 양

우리 함께 모여 -   주를 부르 세 - - - - -

- 위대 한 일 행하 셨 네 우리 소 망 충만 해

- 우리 함께 모여 -   주의 이름 찬 양

Copyright ⓒ 1975 Jensen Music/B.B. All rights reserved. Used by permission.

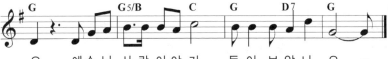

저 큰 선민 애굽에서

Copyright ⓒ Hugh Mitchell&J. C. Brumfield. All rights reserved. Used by permission.

212 죄에서 자유를 얻게 함은

(찬송가 268장, 통 202장)

L. E. Jones

죄 에서자 유를얻 게함은 보 혈 의능력 주 의보혈
육 체의정 욕을이 길힘은 보 혈 의능력 주 의보혈
눈 보다더 희게맑 히는것 보 혈 의능력 주 의보혈
구 주의복 음을전 할제목 보 혈 의능력 주 의보혈

시 험을이 기고승 리하니 참 놀 라운능력이로 다
정 결한마 음을얻 게하니 참 놀 라운능력이로 다
부 정한모 든것맑 히시니 참 놀 라운능력이로 다
날 마다나 에게찬 송주니 참 놀 라운능력이로 다

주의 보 혈 능력있도다 주의 피 믿으오 주의

보 혈 그 어린양의 매우 귀 중한피로 다

214 주님은 신실하고
(Sweeter Than The Air)

Scott Brenner & Andre Ashby

주님-은 - 신실하고 - 항상거기 - 계-시네

- 주사랑을 뭐 -라 할까 -   주사랑 - 이내생

명보다 귀-하-고 - 주사랑-이파도 보다더강-해-요

- 세월이-가고꽃은시들어도 - 주사랑 -영원해 - 주님

- 사랑 - 신실해 - 요   - 사랑 - 신실해 - 요 -

Copyright ⓒ 1997 Scott Brenner Music/Andre Ashby, Adm. by Shekinah Media.
All rights reserved. Used by permission.

주의 이름 높이며
(Lord I Lift Your Name On High)

Rick Founds

주의 이름 높-이 며   주를 찬양하-나 이 - 다

나를 구하러-오 신   주를 기뻐하-나 이 - 다

하늘 영광 버리고 - 이 땅 위에 십자가-를 지시고 - 죄사 했네

무덤에-서 일어나 - 하늘로-올리셨네 - 주의 이름높 -이 리

Copyright © 1989 and in this translation 2000 Maranatha! praise Inc.
Administered by CopyCare Asia(service@copycare.asia). All rights reserved. Used by permission.
Authorised Korean translation by All Nations Ministries.

218 주의 친절한 팔에 안기세

(찬송가 405장, 통 458장)

E. A. Hoffman & A. J. Showalter

주 의 친절한 팔에 안기세 우리 맘이평안하리니
날 이 갈수록 주의 사랑이 두루 광명하게비치고
주 의 보좌로 나아 갈때에 기뻐 찬미소리외치고

항 상 기쁘고 복이 되겠네 영 원 하신팔 에안 기 세
천 성 가는길 편히 가리니 영 원 하신팔 에안 기 세
겁 과 두려움 없어 지리니 영 원 하신팔 에안 기 세

주 의 팔 에 그 크신팔에 안 기 세

주 의 팔 에 영 원 하신팔에 안 기 세

친구야 나는 너를 사랑해 221

메빅

친구야 나는 너를 사랑해 친구야 나는 너를 사랑해

사랑해 사랑해 사랑해 사랑해 나는 너를 사 랑 해

Copyright ⓒ 메빅. All rights reserved. Used by permission.

224. God Is Good

Graham Kendrick

God is Good 소리쳐 노래해 God is Good 찬양하라

God is Good 의심치않-네 God is Good 진리말씀

그 사랑을 생각할 때에 찬양 부르네 난- 춤을 추네

-은혜의 보좌로 담대히 나아갈 길을 주셨네 -

Copyright © 1985 Thankyou Music.
Administered by CopyCare Asia(service@copycare.asia). All rights reserved. Used by permission.

기쁜 노래 주께 드리자

(Make a joyful noise)

225

Russell L. Lowe

기 쁜 노 래 주 – 께 드리자 찬 양 받으실주님 께

신령한노래 와 손 뼉쳐서 크 신 하나님찬양 해

존 귀 존 귀 찬 양 받으실주 님

할 렐 루 야 크 신 하나님찬양 해

Copyright ⓒ 1984 and in this translation 2000 Integrity's Hosanna! Music.
Administered by CopyCare Asia(service@copycare.asia). All rights reserved. Used by permission.
Authorised Korean translation by All Nations Ministries.

내 안에 부어 주소서 231

내 안에 - 부어 주소서 - 성령의 - 충만한 기름을 -

내 안에 - 충만케 하소서 - 성령의 - 기름으로 -

내게 기 - 름 가득할 - 때 주 의복 - 음 전할 수 있 - 네 -

내게 기 - 름 가득할 - 때 주 의사 - 랑 베푸네 그 날에

우 리주 - 님께서 - 밤중 - 에 찾아 오 - 실때에 -

기름준 - 비된 자만이 - 잔치 자리들 - 어 가네 -

그 누가 뭐래도 난 주님 사랑해

밤 이 다 가 도 록 - 주님 앞에 춤을 출 - 거야 -

주님 앞에 춤을 - 다윗처럼 춤을 - 주님 앞에 춤을 출 - 거야 -

Copyright © 2004 천관웅. All rights reserved. Used by permission.

나의 가장 낮은 마음

Copyright ⓒ 1991 양영금&유상렬, Adm. by KOMCA. All rights reserved. Used by permission.

236 반짝이지 않아도
(깨끗한 그릇)

유승희

반짝이지 않아 도   크고 화려하지 않아 도 -

하나님 사용 하시 는   깨끗한 그릇 되기 원해 요
하나님 기뻐 하시 는   거룩한 자녀 되기 원해 요

Copyright ⓒ 2009 Child Evangelism Fellowship of KOREA Inc.
All rights reserved. Used by permission.

240 우리 주 안에서 노래하며

(높이 계신 주님께 / That's what we came here for)

Russell Fragar & Darlene Zschech

우리 주안에서 노래 하 - 며 - 주 - 의 이름 찬양 해 -

감사로 - 그 - 문 - 에 들 - 어 가 - 주 이름 송축 - 하 네 - -

진실 한 찬 - 양 안 - 에 - 권 - 능 임 - 하 니 -

외치세 - 할렐루 - 야 손 - 뻗 치 - 며 전 능 하신 - 주 께 -

높 이 계 - 신 주 - 님 께 - 우리 여기 모 - 인 이유 -

우리 마음 모아 - 주님을 높 - 이는 것 -

내 안에 - 모든 - 것 - 주 를 바 - 랄 때 -

이 시간 너의 맘 속에

힘든 일도 있 겠 지 만 나 그때마다 늘함께할 게

하나 님보이신 – 큰 사랑으로– 나 또한 너–를사랑 –해– 오 래

Copyright ⓒ 김수지, Adm. by KOMCA, All rights reserved. Used by permission.

242 저 높은 하늘 위로 밝은 태양

(나로부터 시작되리)

이천

저 높은 하늘 위로 밝은 태양 떠오르듯이
난 주 저앉지 않으리 어떤 어려움에
도 주의 길을 선택하리 빛 가운데로
걸으리 주님을 크게 보는
믿음 가지고 세상에 나타내리라
놀라운 주의 사랑을 주의 꿈을 안고
일어나리라 선한 능력으로 일어나리라 이 땅의 부
흥과 회복은 바로 나로부터 시작되리

246 주 발 앞에 나 엎드려
(오직 예수 / One Way)

Joel Houston & Jonathon Douglass

주 발 앞에 나 엎드려   주만 간절히 원해
언제 나 어디서나   크고 깊은 은혜로

주 계신곳 나 바라보 - 니다 - -
주님 항상 내 안에 계 - 시네 - -

근심 속에 주 찾을 때 - 모든 필요 내려놓고
변함 없으신 주님 - - 어제 오늘 영원히

겸손하게 모두 - 드리리 - -
한결같이 함께 - 하 - 시네 - -

오 직   예 수   주님만이 나의 삶의 이유

247 너는 담장 너머로 뻗은 나무
(야곱의 축복)

김인식

248 아버지 당신의 마음이
(하나님 아버지의 마음)

박용주 & 설경욱

아버지 당신의- 마음이 있는 곳에- 나의 마음이- 있기를

원해요- 아버지 당신의눈물 이고인곳에- 나의

눈물이- 고이 길원해 요 아버지 당신이- 바라보는

영혼에게- 나의 두눈이- 향하길 원해요- 아

버지 당신이울고 있는 어두운 땅에- 나의 두 발이- 향하 길원해

요 나의 마 음이아버지 의 마음 알아- 내

모든뜻- 아버지 의 뜻이될수 있기를- 나의 온 몸이아버지

아버지 당신의 마음이

의 마음 알아 -   내 모든 삶 - 당신의 삶 되기를 -

Copyright © 2003 박용주&설경욱, Adm. by KCMCA. All rights reserved. Used by permission.

249 아주 먼 옛날

천태혁 & 진경

아주먼옛-날 - 하늘에서-는 -
당신을향-한 - 계획있었-죠 -
하나님께-서 - 바라보시-며 -
좋았더라-고 - 말씀하셨-네 - -
이 세상 그 무엇-보-다 - 귀하게 - 나의
손 으로- 창 조 하였-노-라 - -

완전한 사랑 보여주신 251

(예수 좋은 내 친구 / My Best Friend)

Joel Houston & Marty Sampson

완전한사랑 보여주신 - 구세주그분아나요 그아들우리에게주신 -
구원하신주 나는믿네 부활하신주나믿네 다시오실왕나는믿네 -

하나님그분아나요 그사랑알 - 기에 - 그아들나 - 는믿 - 네
그분과영원히살리

날 이 끄 소 - 서 예 수 좋은내 - 친구 - 내곁에 계시네

- 영 원 히 변 - 치않 - 네 - 예 수 좋은 내 - 친 구

- 내곁 에계 시네 - 영원히 변 - 치않 - 네 - -

영원히변 - 치않 - 네 영원히변 - 치않 - 네 -

- 영원히변 - 치않 - 네 영원히변 - 치않 - 네 - -

Copyright © 2000 and in this translation Hillsong Publishing, Administered by CopyCare Asia(service@copycare.asia).
All rights reserved. Used by permission. Authorised Korean translation by Onnuri Church.

주님 내게 선하신 분

Copyright ⓒ 1998 Integrity's Hosanna! Music.
Administered by CopyCare Asia(service@copycare.asia). All rights reserved. Used by permission.
Authorised Korean translation approved by CopyCare Asia.

주님 뜻대로 살기로했네

Word and Music by 김영범. © BEE COMPANY(www.beecompany.co.kr). All rights reserved. Used by permission.

힘들고 지쳐

언제나 변함 - 없이 - 너는 내 아들이라 - 나의
십자가 고통 - - 해산의 그 고통으로 - 내가 너를 낳았으니 -

Copyright ⓒ 이재왕&이은수, Adm, by KCMCA, All rights reserved, Used by permission,

어린이찬양

2016년 3월 1일 초판 2쇄 발행

발 행 인 :	김수곤
출 판 사 :	ccm2u
펴 낸 곳 :	선교햇불 ccm2u
출 판 등 록 :	1999년 9월 21일 / 제 54호
주　　　소 :	서울시 송파구 백제고분로 27길 12
전　　　화 :	02)2203-2739
팩　　　스 :	02)2203-2738
E - mail :	service@ccm2u.com
홈 페 이 지 :	www.ccm2u.com

＊잘못 만들어진 책은 바꿔 드립니다. 본서의 판권은 ccm2u에 있습니다. 편집된 내용은 신저작권법에 의하여 한국 내에서 보호받는 저작물이므로 무단 전재와 무단 복제를 금합니다.

MEMO